TELE MORFOSE
Jean Baudrillard

… Jean Baudrillard

TELE MORFOSE
Jean Baudrillard

Prefácio e Tradução:
Muniz Sodré

MAUAD

Título Original: TÉLÉMORPHOSE
Jean Baudrillard

© 2001, Sens&Tonka, éditeurs

1ª Edição no Brasil: 2004
Direitos de tradução e distribuição no Brasil
reservados à
MAUAD Editora Ltda.
Av. Treze de Maio, 13 – Grupo 507 a 509 – Centro
CEP: 20031-007 — Rio de Janeiro — RJ
Tel.: (21) 2533.7422 — Fax: (21) 2220.4451
www.mauad.com.br

Projeto Gráfico:
Núcleo de Arte/Mauad Editora

Tradução:
Muniz Sodré

CIP-BRASIL. CATALOGAÇÃO-NA-FONTE
SINDICATO NACIONAL DOS EDITORES DE LIVROS, RJ.

B339t

Baudrillard, Jean, 1929-
 Telemorfose / Jean Baudrillard ; prefácio e tradução de
Muniz Sodré. - Rio de Janeiro : Mauad, 2004

 Tradução de: Télémorphose

 ISBN 85-7478-151-7

 1. Comunicação de massa. I. Título.

04-2814.   CDD 302.2
                            CDU 316.774

SUMÁRIO

Prefácio — 7

O Levanta-a-poeira — 17

Telemorfose — 35

PREFÁCIO

PREFÁCIO

Há sempre o risco do momento em que todo intelectual fulgurante se precipite no que os franceses costumam chamar de *langue de bois*, isto é, a repetição infinita de seus próprios clichês. Acontece a filósofos, sociólogos, ficcionistas e outros. Acontece a Jean Baudrillard? Mas que é, afinal, Jean Baudrillard? A pergunta procede ("o que", não "quem"), pode-se aplicá-la até a gente muito próxima de nós, a exemplo de Gilberto Freyre, que não era estritamente antropólogo, sociólogo ou ficcionista, mas algo como um "pensador aplicado". Baudrillard parece encaixar-se bem nesta categoria: um pensador com uma *langue*, não *de bois*, por certo, mas *belle*, uma bela língua reflexiva. Como um sofista da Antigüidade ateniense ou como, digamos, o empirista inglês David Hume, ele é, antes de tudo, um cultor da palavra reveladora e do estilo.

"Pois a linguagem pensa, nos pensa e pensa por nós, pelo menos tanto quanto nós pensamos por meio dela", garante Baudrillard. Quem o conhece de perto, quem o lê atentamente sabe da enorme importância que ele atribui às palavras, em especial aos seus desdobramentos metafóricos. Tanto que chegou a publicar um livrinho, Mots de Passe (Senhas), uma espécie de vocabulário iniciático de seu próprio texto, no qual sustenta que "as pessoas crêem avançar por força de idéias — é, sem dúvida, o fantasma de todo teórico, de todo filósofo —, mas são também as próprias palavras que geram ou regeneram as idéias, que cumprem a função de 'embreagem'. Nesses momentos, as idéias se entrecruzam, se misturam no nível da palavra, que serve então de operador — mas de operador não técnico — numa catálise em que a própria linguagem está em jogo. O que faz dela uma *parada* pelo menos tão importante quanto as idéias." Nos textos de Baudrillard, palavras como "troca simbólica", "crime perfeito", "sedução", "orgia", "obsceno", "virtual", "fim" e outras se repetem, mas sempre fora do desgaste dos clichês, uma vez que são condutoras de uma intuição quase profética.

Este Telemorfose é um bom exemplo disso tudo. Trata-se de uma análise crítica do livro de confissões sexuais* de Catherine Millet

---

* No Brasil, A Vida Sexual de Catherine M. foi publicado pela Ediouro.

— *best-seller* escandaloso na França e no exterior — e do programa televisivo *Loft Story*, um análogo do "nosso" *Big Brother* ou da *Casa dos Artistas*. O nome do programa já é, por si só, atraente para um crítico como Baudrillard. É um trocadilho em torno de *Love Story*, com a palavra *loft* (um apartamento sem divisões internas, de algum modo semelhante a uma clausura) como uma boa "embreagem" para se pensar a mídia enquanto "um condensado de parque humano de atração, de gueto, de portas fechadas e do Anjo Exterminador".

É amplo o jogo vocabular de Baudrillard, mas neste texto em particular duas expressões merecem destaque. A primeira é orgia, que ele recupera de uma piada americana (*What are you doing after the orgy?*, "o que você vai fazer depois da orgia?"), cuja graça está na incitação a se pensar o "pós", quando se sabe que a própria bacanal deveria ser o fim, e não o começo de algo. Em textos anteriores, mas também neste de agora, orgia é metáfora para a ponta extrema ou a culminação de produtividade e riqueza do Centro capitalista, de onde se supõe a passagem a um novo estágio histórico de desfrute econômico, cultural e político. Baudrillard empenha-se em mostrar que não é nada disso, que no momento subseqüente ao "êxtase" orgiástico, resta apenas o simulacro do corpo e da consciência. Ainda que mergulhado em ilusões retrospectivas da realidade, o indivíduo "pós-orgiástico", este que já não mais consegue localizar o fim das coisas (por isto, entrega-se à busca sôfrega das origens de tudo), abandona-se à sombra artificial de si mesmo, ao mais acabrunhante isolamento sensorial.

A outra expressão é <u>crime perfeito</u>. Já em *Mots de Passe*, Baudrillard define-a como "a eliminação do mundo real". O criminoso é, aqui, a perfeição, o acabamento técnico do mundo como uma espécie de solução final.

Diz ele: "O que está em causa no crime perfeito perpetrado contra o mundo, contra o tempo, contra o corpo é essa espécie de dissolução pela verificação objetiva das coisas, pela identificação (...) É eliminar a dualidade, o antagonismo da vida e da morte, tudo reduzir a uma espécie de princípio único — poderia-se dizer um "pensamento único" — do mundo, que se traduziria em todas as nossas tecnologias — hoje, sobretudo, nossas tecnologias do virtual". O crime só é de fato perfeito quando consegue apagar os seus próprios traços, para nos fazer esquecer que todos nós somos, ao mesmo tempo, criminosos e vítimas.

O que tem isso tudo a ver com o *serial fucking* de Catherine Millet ou com o zero de significação de um *reality show*, seja *Loft Story*, *Big Brother* ou qualquer outro? A resposta de Baudrillard aponta, nos termos de Heidegger, para "a segunda queda do homem, a queda na banalidade". Isto vale para o Primeiro Mundo, vale para nós, aqui. Em O Império do Grotesco[1], fica patente que, no dito rebaixamento cultural dos padrões televisivos, a audiência não é vítima, e sim cúmplice passivo de um *ethos* a que se habituou. Crime perfeito? É possível. Fato mesmo é que, aqui, como no exterior, não se sustenta a hipótese explicativa de um "voyeurismo" freudiano, pois não é a sexualidade que está em jogo, mas a mesma escopofilia visceral que liga a banalidade dos fluxos televisivos à existência banal dos espectadores: "O que aí se procura é identificar "realidade" com um cotidiano desprovido de maior sentido, com uma espécie de grau zero do valor ético, em que só há lugar para o miúdo, o mesquinho, a emoção barata e o banal".[2]

---

[1] Cf. Paiva, Raquel e Sodré, Muniz. O Império do Grotesco. Mauad Editora, 2002.

[2] Ibidem, p. 136.

A "telemorfose" de que fala Baudrillard tem ação global, é de fato, lá como aqui, "a elevação de toda uma sociedade ao estágio paródico de uma farsa integral, de um retorno-imagem implacável sobre a sua própria realidade". Este curto texto desse brilhante analista da pós-modernidade, ou da "pós-orgia", é um convite permanente à reflexão sobre o novo tipo de servidão voluntária a que nos entregamos sob o império da mídia.

Muniz Sodré
Escritor

O Levanta-a-poeira

O Levanta-a-poeira

Toda a nossa realidade tornou-se experimental. Na ausência de destino, o homem moderno entregou-se a uma experimentação sem limites consigo mesmo.

Duas ilustrações recentes, uma *Loft Story*, da ilusão midiática do real em direto; a outra, Catherine Millet, da ilusão fantasmática do sexo em direto.

O *Loft* tornou-se um conceito universal, um condensado de parque humano de atração, de gueto, de portas fechadas e do Anjo Exterminador. A reclusão voluntária como laboratório de uma convivialidade de síntese, duma socialidade telegeneticamente modificada.

É aí, quando tudo se dá a ver (como em Big Brother, os *reality shows*, etc.), que se percebe que não há mais nada a ver. É o espelho da banalidade, do grau zero, onde se faz a prova, contrariamente a todos os objetivos, da desaparição do outro, e talvez mesmo do fato de que o ser humano não é fundamentalmente um ser social. O equivalente de um *ready-made* — transposição tal e qual da *everyday life*, esta mesma já trucada por todos os modelos dominantes. Trivialidade de síntese, fabricada em circuito fechado e com tela de controle.

Nisto, o microcosmo artificial do *Loft* é semelhante à Disneilândia, que dá a ilusão de um mundo real, de um mundo externo, enquanto que a imagem de um é exatamente a mesma do outro. Todos os Estados são

Disneilândia, e **nós** estamos todos no *Loft*. Não é preciso entrar no duplo virtual da realidade, nós já estamos lá — o universo televisual é apenas um detalhe holográfico da realidade global. Até mesmo em nossa existência mais cotidiana, já estamos em situação de realidade experimental. E é daí que vem a fascinação, por imersão e por interatividade espontânea. Trata-se de voyeurismo pornô? Não. Sexo existe por toda parte, mas não é isto o que as pessoas querem. O que elas querem profundamente é o espetáculo da banalidade, que é hoje a verdadeira pornografia, a verdadeira obscenidade — a da nulidade, da insignificância e da platitude. No inverso extremo do *Teatro da Crueldade*. Mas talvez haja aí uma forma de crueldade, pelo menos virtual. Na hora em que a tevê e a mídia tornam-se cada vez menos capazes de dar conta dos acontecimentos (insuportáveis) do mundo, elas descobrem a vida cotidiana, a banalidade existencial como o acontecimento mais assassino, como a atualidade mais violenta, como o lugar mesmo do crime perfeito. E ela o é, com efeito. E as pessoas ficam fascinadas, fascinadas e aterrorizadas pela indiferença do Nada-a-dizer, Nada-a-fazer, pela indiferença de sua própria existência. A contemplação do Crime Perfeito, da banalidade como cara nova da fatalidade, tornou-se uma verdadeira disciplina olímpica, ou o último avatar dos esportes radicais.

Tudo isto reforçado pelo fato de que o próprio público é mobilizado como juiz, que ele próprio tornou-se Big Brother. Estamos além do panóptico, da visibilidade como fonte de poder e de controle. Não se trata mais de tornar as coisas visíveis a um olho externo, e sim de torná-las transparentes a si mesmas, pela perfusão do controle na massa, e apagando em seguida os traços da operação. Assim os espectadores são implicados numa gigantesca contratransferência negativa com eles mesmos e, uma vez mais, é daí que vem a atração vertiginosa desse gênero de espetáculo.

No fundo, tudo isto corresponde ao direito e ao desejo imprescritíveis de não ser Nada e de ser olhado enquanto tal. Há duas maneiras de desaparecer: ou se exige não ser visto (é a problemática atual do direito à imagem), ou se precipita no exibicionismo delirante de sua nulidade. Fazer-se nulo para ser visto e considerado como nulo é a última proteção contra a necessidade de existir e a obrigação de ser si mesmo.

Daí a exigência contraditória e simultânea de não ser visto e ser perpetuamente visível. Todo mundo joga com os dois quadros ao mesmo tempo, e nenhuma ética nem legislação pode acabar com este dilema — o do direito incondicional de ver e o, também incondicional, de não ser visto. A informação máxima faz parte dos direitos do homem, logo também a visibilidade forçada, a superexposição às luzes da informação.

A expressão de si como forma última da confissão, de que falava Foucault. Não guardar nenhum segredo. Falar, falar, comunicar incansavelmente. Tal é a violência feita ao ser singular e a seu segredo. E, ao mesmo tempo, é uma violência feita à linguagem, pois a partir daí ela também perde a sua originalidade, ela não é mais senão médium, operadora de visibilidade, ela perde toda dimensão irônica ou simbólica — a dimensão em que a linguagem é mais importante do que aquilo de que ela fala.

E o pior nessa obscenidade, nesse despudor, é a partilha forçada, é essa cumplicidade automática do espectador, que é o efeito de uma verdadeira chantagem. É este o objetivo mais claro da operação: a servilidade das vítimas, mas a servilidade voluntária, a das vítimas que gozam com o mal que se lhes faz, com a vergonha que se lhes impõe. A partilha por toda uma sociedade de seu mecanismo fundamental: a exclusão — interativa, é o cúmulo! Decidida em comum, consumida com entusiasmo.

Se tudo termina em visibilidade, que é, como o calor na teoria da energia, a forma mais degradada da existência, o ponto crucial entretanto é conseguir fazer dessa perda de todo espaço simbólico, dessa forma extrema de desencantamento da vida um objeto de contemplação, de sideração e de desejo perverso. "A humanidade, que outrora com Homero tinha sido objeto de contemplação para os deuses olímpicos, tornou-se agora objeto para si mesma. Sua alienação de si mesma atingiu esse grau que a faz viver a sua própria destruição como uma sensação estética de primeira ordem" (Walter Benjamin).

O experimental toma, assim, por toda parte, o lugar do real e do imaginário. Por toda parte são os protocolos da ciência e da verificação que nos são inoculados, e nós estamos dissecando, em vivissecção, sob o escalpelo da câmara, a dimensão relacional e social, fora de toda linguagem e contexto simbólico. Catherine Millet também é da ordem do experimental — outro tipo de "vivi-sexão": todo o imaginário da sexualidade é varrido, sobra apenas um protocolo em forma de verificação ilimitada do funcionamento sexual, de um mecanismo que, no fundo, não tem mais nada de sexual.

Duplo contra-senso:

• O de fazer da própria sexualidade a referência última. Recalcada ou manifestada, a sexualidade é no melhor apenas uma hipótese e, enquanto hipótese, é falso fazer dela uma verdade e uma referência. A hipótese sexual não é talvez senão um fantasma, e de toda maneira, é no recalcamento que a sexualidade ganhou essa autoridade e essa aura de atrator estranho — manifestada, ela perde essa qualidade potencial.

• Daí o contra-senso e o absurdo da passagem ao ato e duma "liberação" sistemática do sexo: não se "libera" uma hipótese. Quanto a fazer a prova do sexo pelo sexo, que tristeza! Como se tudo não estivesse no deslocamento, no rodeio, a transferência, a metáfora — tudo está no filtro da sedução, no desvio, não no sexo e no desejo, e sim no jogo com o sexo e o desejo. É o que torna de todo modo impossível a operação do sexo "em direto", da mesma forma que a morte em direto, ou o acontecimento em direto na informação — tudo isto é incrivelmente naturalista. É a pretensão de tudo fazer advir ao mundo real, de tudo precipitar numa realidade integral. E em algum lugar esta é a própria essência do poder. "A corrupção do poder está em inscrever no real tudo o que era da ordem do sonho".

A chave nos é dada por Jacques Henric em sua concepção da imagem e da fotografia: é inútil velar o rosto, nossa curiosidade para com as imagens é sempre de ordem sexual — tudo que aí se busca é afinal o sexo, e particularmente o sexo feminino. Está aí não somente a Origem do mundo (Courbet), mas a origem de todas as imagens. Vamos nós, pois, sem rodeios, fotografar essa única coisa, obedeçamos sem entraves à pulsão escópica! Tal é o princípio duma "realerotik", cujo equivalente para o corpo é o *acting-out* copulativo perpétuo de Catherine Millet: já que afinal isso com que sonha todo mundo é o uso sexual ilimitado do corpo, passemos sem delongas à execução do programa!

Nada de sedução, nada de desejo, nada de gozo sequer, tudo está aí na repetição inumerável, numa acumulação em que a quantidade desconfia acima de tudo da qualidade. Sedução preclusa. A única questão que se gostaria de levantar é a que o homem murmura ao ouvido da mulher durante uma bacanal: *"what are you doing after the orgy?"* Mas é inútil, já que para ela não existe o além da bacanal. Ela está de fato além do fim, aí onde todos os processos assumem um andamento exponencial e podem apenas reduplicar-se indefinidamente. Assim, para Jarry, no *Supermacho*, uma vez atingido o limiar crítico no amor, pode-se fazê-lo indefinidamente, é a fase automática da máquina sexual. Quando o sexo é apenas um *sex-processing*, torna-se transfinito e exponencial. Ele não atinge, entretanto, a sua finalidade, que seria esgotar o sexo, ir a cabo de seu exercício. É evidentemente impossível. Esta impossibilidade é tudo o que resta da revanche da sedução, ou da própria sexualidade, contra seus operadores sem escrúpulos — sem escrúpulos para com eles próprios, para com seu próprio desejo e seu próprio prazer.

"Pensar como uma mulher tira a sua roupa", diz Bataille. Sim, mas a ingenuidade de todas as Catherine Millet é pensar que se tira a roupa para desvestir-se, para ficar nua e atingir assim a verdade nua, a do sexo ou a do mundo. Se se tira a roupa, é para aparecer – não aparecer nua como a verdade (quem pode acreditar que a verdade continua sendo a verdade quando se lhe arranca o véu?), mas para nascer no reino das aparências, isto é, da sedução — o que é exatamente o contrário.

Contra-senso total dessa visão moderna e desencantada que considera o corpo como um objeto que só espera ser desvestido, e do sexo como um desejo que só espera passar ao ato e gozar. Enquanto que todas as culturas da máscara, do véu, do ornamento dizem exatamente o contrário: dizem que o corpo é uma metáfora, e que o verdadeiro objeto do desejo e do gozo são os signos, as marcas que o retiram de sua nudez, de sua naturalidade, de sua "verdade", da realidade integral de seu ser físico. Por toda parte é a sedução que tira as coisas de sua verdade (inclusive da verdade sexual). E se o pensamento tira a sua roupa, não é para se revelar nu, não é para desvelar o segredo do que até então teria ficado escondido, é para fazer aparecer esse corpo como definitivamente enigmático, definitivamente secreto, como objeto puro, cujo segredo não será nunca revelado e não tem de ser.

Nessas condições, a mulher afegã com a burka, a mulher de rosto escondido por treliças na capa de *Elle*, configura-se como alternativa ruidosa a essa virgem louca de Catherine Millet. O excesso de segredo contra o excesso de despudor. Aliás, esse despudor, essa obscenidade radical (como a de *Loft Story*) é ainda um véu, o último dos véus — aquele inultrapassável, aquele que se interpõe quando se acha que todos foram rasgados. Gostaria-se de atingir o pior, o paroxismo da exibição, a nudez total, a realidade absoluta, em direto e esfolada viva — não se consegue nunca. Nada a fazer — a parede do obsceno é inultrapassável. E paradoxalmente essa busca perdida faz ressurgir ainda mais a regra do jogo fundamental: a do sublime, do segredo, da sedução, essa mesma que se persegue até à morte na sucessão dos véus rasgados.

E por que não fazer a hipótese, inversa à do voyeurismo e da estupidez coletiva, de que aquilo que buscam as pessoas — todos nós –, chocando-se contra esse muro do obsceno, é pressentir que justamente não há nada a ver, que nunca se saberá a palavra certa para isso, e verificar assim *a contrário* a potência última da sedução? Verificação desesperada, mas o experimental é sempre desesperado. O que pretende verificar *Loft Story* é que o ser humano é um ser social — o que não é certo. O que pretende verificar Catherine Millet é que ela é um ser sexuado — o que também não é absolutamente certo. O que é verificado nessas experimentações são as próprias condições da experimentação, simplesmente levada a seu limite. O sistema se decodifica melhor em suas extravagâncias, mas é o mesmo por toda parte. A crueldade é a mesma por toda parte. Tudo isso resume-se afinal, para retomar Duchamp, num "levanta-a-poeira".

Telemorfose

Telemorfose

O problema com *Loft Story* é triplo: há o que se passa no *Loft*, que é em si desinteressante, e, em contradição com essa insignificância, a imensa fascinação que ele exerce. Mas essa mesma fascinação é o objeto de fascinação para o olhar crítico. Em tudo isto, onde está o acontecimento original? Não há. Resta apenas esse contágio misterioso, essa cadeia viral que funciona de uma ponta a outra, da qual nós somos cúmplices até na análise. Inútil invocar todo tipo de dado econômico, político, publicitário — o mercado é o mercado, e os próprios comentários, todos eles, fazem parte do mercado cultural e ideológico. O efeito de massa está além da manipulação e sem comum medida com as causas. Isto o torna apaixonante, como tudo o que resiste à inteligência.

Primeira hipótese: se a audiência é tal, não é *apesar* da debilidade, mas *graças* à debilidade e à nulidade do espetáculo. Isto parece assegurado. Mas aqui se abrem duas possibilidades, que não são talvez exclusivas. Ou os espectadores imergem na nulidade do espetáculo e gozam com ele como se fosse a sua própria imagem, adequadamente cosmetizada para a circunstância, ou então eles gozam por se sentirem menos idiotas do que o espetáculo — e, logo, não se cansam nunca de assistir a ele. Pode ser talvez uma estratégia da mídia oferecer espetáculos mais nulos do que a realidade — hiper-reais em sua debilidade, e dando aos espectadores uma possibilidade diferencial de satisfação. Hipótese sedutora, mas que supõe muita imaginação por parte de seus autores. É preciso, pois, se ater à presunção de nulidade — como se diz, presunção de inocência. E isto é a democracia radical. O princípio democrático era da ordem do mérito e duma equivalência (relativa, certo) entre o mérito e o reconhecimento. Aqui, no *Loft*, nenhuma equivalência entre o mérito e a glória. É tudo em troca de nada. Princípio de não-equivalência total. A ilusão democrática é então elevada a seu grau mais alto: o da exaltação máxima por uma qualificação mínima. E, enquanto que o princípio tradicional assegurava ao mérito apenas um reconhecimento parcial, a operação do *Loft* assegura uma glória virtual a todos exatamente em função de sua ausência de mérito. Num certo sentido, é o fim da democracia, por extinção de todo critério de qualificação, mas por outro lado é o resultado duma democracia radical, na base de uma beatificação do homem sem qualidade. É de fato um grande passo para o niilismo democrático.

Há neste desequilíbrio entre o mérito e o reconhecimento público uma espécie de ruptura do contrato social, que leva a um outro tipo de injustiça e de anomalia: enquanto que se podia acusar a democracia tradicional de não recompensar os cidadãos por seu justo mérito, aqui seria antes necessário acusá-la de superavaliar a todos indiferentemente, na base de nada.

Essa glória insólita atribuída a qualquer pessoa teria no limite algo de engraçado e de uma ironia feroz — pois esta forma de democracia radical é uma irrisão de todo *establishment*, de todos aqueles, políticos, *intelligentsia* ou *star-system*, que aspiram a uma glória qualquer na base de seu status e seu valor. Pelo menos essa concorrência desleal dos *start-up* da glória revela a impostura latente de todos os sistemas de distinção ao mesmo tempo que o absurdo de uma democracia embarcada na lógica do pior. Isto posto, se essas novas vedetes, comoventes por insignificância e transparência, se esses usurpadores produzidos por uma especulação desenfreada sobre o todo igualitário, se esses piratas do *hit-parade* não merecem esse excesso de glória, a sociedade que se dá o espetáculo entusiástico dessa mascarada tem o que ela bem merece. *Loft Story* é, ao mesmo tempo, o espelho e o desastre duma sociedade toda inteira apanhada na corrida para a insignificância e embasbacada frente à sua própria banalidade.

A televisão obteve aí uma operação fantástica de consensualização dirigida, um verdadeiro golpe de força, uma OPA[1] sobre a socie-

---

[1] N.T.: Esta abreviação de "oferta de participação acionária" designa, no mundo dos altos negócios, uma oferta econômica irrecusável, por sua magnitude e por seus supostos benefícios.

dade inteira, um seqüestro — êxito formidável no caminho de uma telemorfose integral da sociedade. Ela criou um acontecimento (ou melhor, um não-acontecimento) global, em que todo mundo caiu na armadilha. "Um fato social total", como diz Marcel Mauss – só que em outras culturas isso significava a potência convergente de todos os elementos do social, enquanto que aqui isto significa a elevação de toda uma sociedade ao estado paródico de uma farsa integral, de um retorno-imagem implacável sobre sua própria realidade. O que a crítica mais radical, a mais delirante imaginação subversiva, o que nenhuma irrisão situacionista[2] teria podido fazer... a televisão já fez.

Ela revelou-se a mais forte na ciência das soluções imaginárias. Mas a televisão o fez,

---

[2] N.T.: O autor refere-se à Internacional Situacionista, onde Guy Debord pregava o exercício de práticas de autogestão da vida e de atividades coletivas.

porque nós o quisemos. Inútil acusar as potências midiáticas, as potências do dinheiro, até mesmo a estupidez do público para dar lugar à esperança de que haveria uma alternativa racional a essa socialização integral, técnica e experimental, com a qual nos comprometemos e que resulta no encadeamento automático dos indivíduos em processos consensuais sem recurso. Chamemos isto o acontecimento integral de uma sociedade doravante sem contrato, sem regras nem sistema de valores além de uma cumplicidade reflexa, sem regra nem lógica, senão a de um contágio imediato, uma promiscuidade que nos mistura mutuamente num imenso ser indivisível. Nós nos tornamos seres individuados, isto é, não divisíveis em si mesmos e não divisíveis entre si. Esta individuação de que tanto nos orgulhamos não tem nada de uma liberdade pessoal, é ao contrário o signo de uma promiscuidade geral. Não forçosamente a dos corpos no espaço — mas a das telas de uma ponta à outra do mundo. É mesmo sem dúvida a verdadeira promiscuidade: a da indivisibilidade de todas as partículas humanas a dezenas de milhares de quilômetros — como milhões de gêmeos que não conseguem separar-se de seu duplo. O limbo umbilical.

Pode ser também a mesma de toda uma população com os figurantes do *Loft*. Ou ainda a do casal "interativo" que projeta continuamente e em tempo real sua vida conjugal na Internet. Quem assiste a eles? Eles mesmos se assistem, senão quem mais, já que cada um virtualmente pode desfrutar do mesmo circuito doméstico integrado? Breve não haverá mais senão zumbis autocomunicantes, com apenas o relé umbilical do retorno-imagem, avatares eletrônicos das sombras defuntas que, além do Styx e da morte, erram cada uma por si e passam o tempo a contar a si mesmas perpetuamente a sua história. Alguma coisa ainda tem movimento, mas apenas para se dar, além do fim, a ilusão retrospectiva da realidade — ou a ilusão da sexualidade no caso de Catherine Millet — ou a ilusão do social, mas somente evocada em interação desesperada consigo mesma.

Um dos signos dessa promiscuidade é a compulsão de enclausuramento que se vê florescer por toda parte — seja o portas-fechadas do *Loft*, ou o de uma ilha, de um gueto de luxo ou de lazer, ou qualquer espaço fechado onde se recria como um nicho experimental ou uma zona de privilégio — o equivalente de um espaço iniciático onde sejam abolidas as leis da sociedade aberta. Não se trata mais tanto de salvaguardar um território simbólico quanto de se enclausurar com sua própria imagem, de viver em promiscuidade com ela como num nicho, em cumplicidade incestuosa com ela, com todos os efeitos de transparência de retorno-imagem que são aqueles de uma tela total, e só tendo com os outros relações de imagem a imagem.

Aliás, o *Loft* bem poderia ter sido fabricado com imagens de síntese — e ele será mais tarde. Mas no fundo já são imagens de síntese. Os gestos, os discursos, os atores já respondem a todas as condições programadas de pré-fabricação, de figuração. Do mesmo jeito que clonarão biologicamente os seres humanos no futuro, mas no fundo eles já têm, mental e culturalmente, um perfil de clones.

Essa promiscuidade, feita de involução mental, de implosão social, mas também de interação "on-line", essa negação de toda dimensão conflitual é uma conseqüência acidental da evolução moderna das sociedades, ou é uma condição natural do homem, que finalmente não pararia de renegar o seu ser social como uma dimensão artificial? O ser humano é um ser social? Seria interessante ver o que será no futuro um ser sem estrutura social profunda, sem sistema ordenado de relações e de valores — na pura contigüidade e promiscuidade das redes, em pilotagem automática e em coma ultrapassado de qualquer gênero — contravindo assim a todos os pressupostos da antropologia. Mas não se tem do homem, como diz Stanislaw Lec, uma concepção por demais antropológica?

De toda maneira. Em vista do sucesso de *Loft Story* e da adesão entusiástica a essa encenação da servidão experimental, pode-se adivinhar que o exercício da liberdade não é certamente um dado de base da antropologia e que o homem, se alguma vez a exerceu, não pára de se desvencilhar dela em favor de técnicas mais animais de automatismo coletivo. "Se o homem suporta mal a liberdade nos outros, é que ela não é conforme à sua natureza, e que ele não a suporta mais tempo em si mesmo" (Dostoievski). Mas com qualquer coisa a mais, pois à servidão ele acrescentou o deleite com o espetáculo da servidão.

Para falar a verdade, o próprio programa de tevê degenerou muito rapidamente numa telenovela, próxima dos programas de variedades de grande audiência. E a sua audiência ampliou-se segundo o esquema habitual de rivalidade entre os meios de comunicação, que faz com que o programa se propague por si mesmo de modo profético — *self-fulfilling prophecy*. No limite, a verificação de audiência é uma fraude, já que ela própria faz parte da espiral e do retorno da chama publicitária. Mas tudo isto é sem interesse. Vale só a idéia original, a de submeter um grupo a uma experiência de isolamento sensorial[3], a fim de

---

[3] Isto foi em outros lugares uma forma de tortura calculada. Mas não estamos explorando todas as formas históricas de tortura, servidas em doses homeopáticas, à guisa de cultura de massa ou de vanguarda? É um dos temas principais da arte contemporânea.

registrar o comportamento das moléculas humanas no vácuo — e sem dúvida o propósito de vê-las dilacerar-se nessa promiscuidade artificial. Ainda não se chegou a isto, mas essa microssituação existencial vale como metáfora universal do ser moderno enclausurado num *loft* pessoal, que não é mais o seu universo físico e mental, mas o seu universo tátil e digital, o do "corpo espectral" de Turing, o do homem numérico apanhado no labirinto das redes, do homem convertido em seu próprio rato (branco) de laboratório.

A provocação é entregar ao olhar das multidões essa situação propriamente insuportável, fazê-las saborear as peripécias numa orgia sem dia seguinte. Uma bela façanha, mas que não vai parar aí. Logo virão, como uma seqüência lógica, os *snuff movies*[4] e os

---

[4] N.T.: Filmes em que a morte na vida real é apresentada como espetáculo.

suplícios corporais televisionados. A morte deve logicamente entrar em cena como peripécia experimental. Não como sacrifício — é no mesmo tempo em que se tenta tecnicamente fazê-la desaparecer que ela vai fazer a sua reaparição nas telas como experiência do extremo (*revival* previsto, para certos grupos, da guerra de trincheiras ou dos combates do Pacífico — sempre Disneilândia, mas com um infantilismo um pouco mais cruel). Mas ao mesmo tempo como pseudo-acontecimento, pois — e aí está a ironia de todas essas farsas experimentais — paralelamente à multiplicação desses espetáculos de violência cresce a incerteza quanto à realidade do que se dá a ver. Será que isso aconteceu ou não? Quanto mais se avança na orgia da imagem e do olhar, menos nisso se pode crer. A visão "em tempo real" só faz aumentar a irrealidade da coisa. Os dois paroxismos, o da violência da imagem e o do descrédito da imagem, crescem conforme a mesma função exponencial. O que faz com que as pessoas estejam continuamente destinadas à decepção (e cada vez mais, evidentemente, com as imagens sintéticas), mas relançadas por essa mesma decepção. Pois essa incerteza profunda (estratégica, política — mas quem lucra com ela?) está em grande parte na demanda insaciável desse tipo de espetáculo.

Curiosidade vertiginosa que já se pôde tomar por voyeurismo, mas que de fato num caso e no outro, o do *Loft* e o de Catherine Millet, não tem grande coisa de sexual. É uma curiosidade de ordem visceral, orgânica, endoscópica. Ela evoca esse *strip-tease* japonês em que os clientes são convidados a mergulhar o nariz e o olhar na vagina da mulher, para explorar, parece, o segredo de suas entranhas — mais fascinante do que a penetração sexual. Gozo espeleológico (não distante da videoscopia do interior do corpo pelas microcâmaras), escancaramento para o abismo do corpo inteiro. Isto não é também de longe sequer a história do califa que, após o *strip-tease* da dançarina, mandou esfolá-la viva, sempre para saber mais. O sexo e o saber do sexo são superficiais com relação a isso. A verdadeira curiosidade abissal é a do foro íntimo. É essa abertura compulsiva, fetal, involutiva, que me parece estar em jogo na atividade dita "sexual" de Catherine Millet e na fascinação que ela exerce. Pode-se penetrar bem antes, bem antes mesmo que o sexual? Pode-se possuir a fundo e ser possuída a fundo?

É uma aventura sem saída, evidentemente. Ela só pode terminar pela repetição inumerável de um ato sexual que, contudo, não atingirá nunca o saber absoluto do corpo, nem o gozo mortal de seu esgotamento. Em o *Supermacho*, de Jarry, em que também Ellen e

Marcueil flertam com o limite das energias sexuais, Ellen morre (momentaneamente) ao cabo dessa proeza. Nada disto em Catherine Millet, cuja aventura seria mais a de uma anorexia sexual contrariada. Mas o que é interessante é que, levando o sexo até o absurdo, até a serialidade em que ele não mais se define senão por seu automatismo (igual aos cadáveres velocipédicos de Jarry, que pedalam mais bem ainda quando estão mortos), arrancando o sexo ao próprio princípio do prazer, ela o arranca também de seu princípio de realidade e força a que se faça aí também a pergunta: o que aconteceu ao ser sexual? A sexualidade não seria, contrariamente à evidência natural, apenas uma hipótese? Verificada, como ela tem sido, até o esgotamento, ela dá a pensar. Verificada para além de seu fim, ela não sabe mais simplesmente o que ela é... Tudo isto deve ser revisado. Com *Loft Story*, a evidência do ser humano como ser social. Com Catherine Millet, a evidência do ser humano como ser sexual. Com o acréscimo de transparência e de informação, a evidência da realidade sem mais nada.

Sexuados, certamente o somos — e Catherine Millet também, mas sexuais? Eis a questão.

Socializados, somos (e às vezes, à força), mas seres sociais? Resta ver.

Realizados, sim — mas reais? Nada é menos certo.

Catherine Millet tem em comum com as pessoas do *Loft* o fato de que ela está submetida, por sua própria escolha, a do *serial fucking*, ao mesmo isolamento sensorial — dando lugar à mesma atividade mínima, radical, exclusiva que, por sua própria repetição, torna-se virtual. Não só ela se desembaraça de toda troca dual e de toda partilha sexual, mas também de toda obrigação de gozar como de toda obrigação de escolher — e, no fundo, simplesmente, de seu próprio corpo. Pode ver aí, nessa recusa da escolha como de toda afinidade eletiva, uma espécie de ascese, de despojamento da vontade (que é apenas, como se sabe, uma ilusão subjetiva), que faria de Catherine Millet, como disseram alguns, quase uma santa...

E o que acontece à sexualidade? Esta é sem dúvida uma hipótese menos ilusória do que a da vontade, mas é bom dar um fim a ela, verificando-a com tal açodamento? Se acabar com o desejo e seu conceito pode ser caracterizado como um niilismo da vontade, então esta prova reiterada da existência do sexo pelo sexo pode ser considerada como niilismo sexual. A menos que...

A menos que o objetivo secreto seja desembaraçar-se do próprio sexo? Esgotar esta função mecânica dos corpos antes de passar ao grande jogo... Tal é claro o subentendido de: **What are you doing after the orgy?** Uma vez livres da aposta e da performance (*we dit it!*), não se poderia passar às coisas sérias e se dar verdadeiramente prazer? Assim, o verdadeiro gastrônomo, segundo Noëlle Châtelet, cuida primeiro de alimentar, de se nutrir, antes de passar ao prazer da mesa, que a fome não deve perturbar.

Ellen, depois do rallye sexual com Marcueil: "Isto não foi nada divertido", diz ela. Marcueil, aliás, compara a ereção titânica e a disposição paralela na mulher a uma "esclerose" ou a uma crispação espasmódica dos tecidos. Ellen então o convida a recomeçar, mas desta vez "para o prazer" (e sem o olho do sábio Bathybius, que registrava cientificamente a proeza).

Se essa virada não acontece, o que há depois da orgia? Nada, senão, ainda com Jarry, esse herói de *O Amor Absoluto*, Sengle, que em plena atividade erótica conta as estocadas e, percebendo que se enganou na conta, exclama: "Bom! Apaga-se tudo e recomeça-se!"

É o mesmo isolamento sensorial em Catherine Millet e no *Loft*, é o mesmo escancaramento atrativo no espetáculo do *Loft* e na oferta sexual de Catherine Millet. A mesma curiosidade vaginal, mais que vaginal, uterina, pelo buraco do *Loft*, mas desta vez aberta sobre um outro abismo, o do vazio e da insignificância. Ir cada vez mais fundo nessa verdadeira cena primitiva da modernidade. Onde está o segredo da banalidade, desta nulidade superexposta, esclarecida, informada por todos os lados e que não deixa ver mais nada, à força de tanta transparência? O verdadeiro mistério torna-se o dessa confissão forçada da vida tal como ela é... É ao mesmo tempo o objeto de um verdadeiro temor e a tentação vertiginosa de mergulhar nesses limbos — os limbos de uma existência no vazio e despida de toda significação: o espetáculo que nos ofereciam o *Loft* e seus atores.

O século vinte terá visto todo tipo de crime — Auschwitz, Hiroshima, genocídios —, mas o único verdadeiro crime perfeito é, nos termos de Heidegger, "a segunda queda do homem, a queda na banalidade".

Violência assassina da banalidade que, justamente em sua indiferença e sua monotonia, é a forma mais sutil de extermínio. Um verdadeiro teatro da crueldade, de nossa crueldade, completamente desdramatizada e sem um traço de sangue. Crime perfeito nisso em que ele abole todas as jogadas e apaga os seus próprios traços — mas sobretudo nisso em que, desse assassinato, nós somos ao mesmo tempo os assassinos e as vítimas. Enquanto existe esta distinção, o crime não é perfeito. Ora, em todos os crimes históricos que conhecemos, a distinção é clara. Só no suicídio o assassino e a vítima se confundem, e neste sentido a imersão na banalidade é o equivalente a um suicídio da espécie.

O outro aspecto dessa banalidade assassina é que ela apaga o teatro de operação do crime — ele está de agora em diante por toda parte na vida, em todas as telas, na indistinção da vida e da tela. Aí também, nós estamos nos dois lados ao mesmo tempo. E enquanto que dos outros crimes e violências nos é dada uma imagem ("Shoah", "Apocalypse now") e que ela pelo menos deles se distingue, por outro lado esse extermínio calmo nos é dado a ver por um tipo de espetáculo, *Loft Story* e outros, que disto fazem parte e do qual nós também participamos.

Estamos lidando com uma verdadeira síndrome de Estocolmo — quando o refém se torna cúmplice do seqüestrador — e, logo, a uma revolução do conceito de servidão voluntária e da relação senhor-escravo. Quando a sociedade inteira torna-se cúmplice daqueles que a seqüestraram, mas também quando cada indivíduo se divide, por si mesmo, em seqüestrado e seqüestrador.

Há uma longa história dessa promiscuidade crescente, desde a heroicização da vida cotidiana e sua irrupção na dimensão histórica — até o processo implacável de imersão no real por demais real, no humano por demais humano, no banal e no residual. Mas a última década assistiu a uma aceleração extraordinária desta banalização do mundo, por intermédio da informação e da comunicação universal — e sobretudo pelo fato de que essa banalidade tornou-se experimental. O campo da banalidade não é mais somente residual, tornou-se um teatro de operações. Levada à tela, como em *Loft Story*, ela se torna um objeto experimental de lazer e de desejo. Verificação do que McLuhan dizia da televisão: que ela é um teste perpétuo e que aí nós estamos submetidos como cobaias, numa interação mental automática.

Mas *Loft Story* é apenas um detalhe. É toda a "realidade" que passou com armas e bagagens para o outro lado, como no filme *O Show de Truman,* em que não só o herói é telemorfoseado, mas também todos os outros — cúmplices e prisioneiros em plena luz da mesma artimanha. Houve um tempo — num filme como *A Rosa Púrpura do Cairo* — em que os personagens saíam da tela e desciam na vida real para se encarnar – inversão poética de situação. Hoje, seria antes a realidade a sofrer uma transfusão maciça para a tela, a fim de se desencarnar. Nada os separa mais. A osmose, a telemorfose é total.

Pleasantville dava em sentido inverso o exemplo heróico de um par de jovens telespectadores que entram no programa e subvertem o andamento, reinjetando nele paixões humanas (curiosamente, aliás, não é o sexo que ressuscita a vida real e dá cor a esse mundo em preto e branco — o segredo está em outro lugar). Mas tudo isto faz parte de um jogo de palavras cruzadas entre a tela e a realidade, que passou. Hoje, a tela não é mais a da televisão, é a da própria realidade — do que se pode chamar de realidade integral. *Loft Story* é a socialidade integral. Catherine Millet é a sexualidade integral. A imanência da banalidade, o mais real que o real, é a realidade integral. A realidade é um processo em vias de acabamento, por absorção, na informação e no virtual, de toda dimensão fatal, pelo assassinato subjacente à pacificação da vida e ao consumo entusiasmado dessa banalidade alucinogênica. Retorno aos limbos, a essa zona crepuscular onde tudo tem fim por sua própria realização.

Em algum lugar, nós carregamos o luto dessa realidade nua, dessa existência residual, dessa desilusão total. E há, em toda essa história do *Loft*, algo de um trabalho de luto coletivo. Mas quem faz parte da solidariedade que vincula os criminosos que somos todos nós — os autores desse crime perpetrado contra a vida real, e na confissão em que nos espojamos na tela, que nos serve de qualquer forma de confessionário (o confessionário é um dos lugares-chave do *Loft*). Aí está a nossa verdadeira corrupção, a corrupção mental — no consumo desse luto e dessa decepção, fonte dum gozo contrariado. De todo modo, entretanto, o descrédito dessa farsa experimental transparecia no aborrecimento mortal que daí se liberava.

Isto posto, não se vê porque o homem não reivindicaria altivamente o seu direito à banalidade, à insignificância e à nulidade — ao mesmo tempo que a exigência inversa. De qualquer forma, o próprio direito faz parte da banalização da existência.

Socialidade integral — sexualidade integral — realidade integral: todo este processo seria catastrófico se houvesse uma verdade do social, uma verdade do sexual, uma verdade do real. Felizmente, são apenas hipóteses, e se elas assumem hoje a forma de uma realidade monstruosa, não deixam de ser hipóteses. Inverificáveis para sempre — o segredo nunca será levantado. A verdade, se ela existisse, seria o sexo. O sexo seria a palavra-chave dessa história... Mas não há palavra-chave... Por isso a sexualidade será sempre apenas uma hipótese.

Isto é dizer que o próprio perigo absoluto de uma mobilização sistemática do social, de um uso sistemático do sexual e de uma operação sistemática do real é apenas... virtual.

Donde a outra questão, à guisa de interrogação final: QUEM RIA NO *LOFT*? Nesse mundo imaterial sem qualquer sinal de humor, que monstro podia rir nos bastidores? Que divindade sarcástica podia rir disso tudo em seu foro íntimo? O humano, humano demais, deve ter-se revirado em sua tumba. Mas, como se sabe, as convulsões humanas servem para a distração dos deuses, que delas só podem rir.

Leia também da mesma Editora:

Cidade dos Artistas
Muniz Sodré e Raquel Paiva

O Império do Grotesco
Muniz Sodré e Raquel Paiva

Samba, o Dono do Corpo
Muniz Sodré

*Para saber mais sobre nossos
títulos e autores, visite nosso site:*
www.mauad.com.br

Este livro, da MAUAD Editora,
foi impresso em papel pólen bold 90g,
na gráfica Sermograf